Ingrid Moras

Window Color Weihnachtsgeschenke

CHRISTOPHORUS
BRUNNEN-REIHE

Inhalt

Weihnachtsgeschenke

Mit Window Color können Sie in relativ kurzer Zeit zauberhafte kleine Geschenke basteln, die durch ihre Farbenpracht und Leuchtkraft zum Blickfang werden. Um sie dauerhaft haltbar zu machen, bedarf es nur eines kleinen Tricks: Die Farben werden auf dünne Windradfolie gemalt und nach dem Trocknen einfach mit einer kleinen Schere an den Umrissen entlang ausgeschnitten.

Fensterbilder und kleine Anhänger können dann an Geschenke gebunden oder am Baum aufgehängt werden. Zauberhafte Weihnachtskarten entstehen, wenn die Folie mit dem Motiv in Passepartoutkarten eingeklebt wird. Die Malereien sind durch die Folienverstärkung so stabil, dass sie auch zu leuchtenden Windlichtern und dekorativen, kleinen Schachteln verarbeitet werden können.

Aber nicht nur das Verschenken macht Freude. Sondern es bereitet auch viel Vergnügen, als „Modedesigner" die Figuren unterschiedlich einzukleiden. Schnell und einfach entstehen die tollsten Muster in schillernden Farben!

Eine schöne Weihnachtszeit und viel Spaß beim Basteln wünscht Ihnen

Ingrid Moras

Material

Die Farben

Window-Color-Farben (z. B. der Firma C. Kreul) gibt es in verschiedenen Ausführungen: „Glas Design Fenstermalfarben" sind zähflüssig. Mit ihnen lassen sich Struktur-Effekte erzielen, sie halten eingestreute Federn usw. sicher fest und kleben auch an Rundungen gut. Die „C2 Fenstermalfarben" sind flüssiger und glatt. Für Karten sind sie besonders geeignet, da sie nicht klebrig sind. Alle Farben können untereinander vermischt werden.
Konturenfarbe trennt die später transparenten Farben voneinander.

Die Malunterlage

Alle Motive, mit Ausnahme der Motive für die Kugeln, auf 0,2 mm starke Windradfolie malen und nach dem Trocknen mit einer kleinen spitzen Schere an den Umrissen entlang ausschneiden.
Die Motive für die Kugeln auf Spezialfolie oder Prospekthüllen (Polyethylen oder Polypropylen, nicht PVC!) malen. Nur von diesen Folien lassen sich die Motive nach dem Trocknen gut abziehen.

Die Hilfsmittel

Eine aufgeschraubte Guttadüse (0,6 mm) ermöglicht dünnere Konturen. Eine stumpfe Sticknadel wird zum Vermischen von Farben benötigt. Eine spitze, kleine Schere eignet sich zum Ausschneiden der Motive. Ein Klebeband verhindert das Verrutschen der Vorlage und wird benötigt, um das Folienstück mit Motiv in die Karte einzukleben. Mit einem transparenten Nähfaden werden Motive an Karten befestigt, Motivteile verbunden oder kleine Anhänger aufgehängt.

Hinweis

Folgende Hilfsmittel werden fast immer benötigt und deshalb nicht extra aufgeführt: transparente Windradfolie, 0,2 mm, Sticknadel, Stricknadel, Schere, Klebstoff, transparenter Nähfaden.

So gehts

Die Konturen

Die Vorlage auf Transparentpapier übertragen und unter der Windradfolie (oder Spezialfolie) mit Klebestreifen festkleben. Die Konturenfarbe direkt aus der Flasche auftragen. Auf das Ausflussrohr aus Plastik eine Guttadüse (0,6 mm) fest aufschrauben. Die Düse beim Farbauftrag entweder auf der Folie aufsetzen oder etwas über der Folie halten, sodass der zähe Farbstrang auf den Linien der Vorlage zu liegen kommt. Möglichst gleichmäßigen Druck auf die Flasche ausüben. Die Linien müssen geschlossen sein. Die Konturen etwa sechs Stunden trocknen lassen.

Der Farbauftrag

Zuerst die Farbe an den Konturenlinien entlang so auftragen, dass kein Zwischenraum bleibt. Dann die übrige Fläche zügig ausmalen, da die Farbe relativ schnell antrocknet. Die Farben satt auftragen. Bei kleinen Feldern die Farbe in die Mitte setzen und mit einer Sticknadel bis zu den Konturen hin ziehen. Nach dem Trocknen (24 Stunden) werden die Farben transparent und die Motive können an den Umrissen entlang ausgeschnitten und weiter verarbeitet werden.

Tipps & Tricks

Luftblasen vermeiden

Die Farbflaschen der zähflüssigen Fenstermalfarbe nicht schütteln und am besten mit dem Ausflussrohr nach unten aufstellen. Größere Luftblasen im Farbauftrag mit einer Nähnadel zerstechen. Bei den flüssigen und glatten Fenstermalfarben bilden sich nur äußerst selten Luftblasen.

Farbauftrag korrigieren

Gelingt ein Konturen- oder Farbauftrag nicht ganz so gut, einfach das Stück nach einer kurzen Trockenzeit mit einem Skalpell ab- bzw. ausschneiden und abheben. Gelegentlich kommt es bei den flüssigen Farben während des Trocknungsvorgangs zu einem kleinen Riss im Farbauftrag. Einfach ein zweites Mal Farbe auftragen, um die Unebenheit auszugleichen.

Pastellartige Hintergründe mit Struktur

Wenn Sie die Window-Color-Farben mit einem Schablonierpinsel in senkrechten Stupfbewegungen auftragen, erhalten Sie eine dünne, reizvoll strukturierte Farbfläche, die sich vor allem für Hintergründe, zum Beispiel auf Kugeln, gut eignet.

Fließende Farbübergänge

Zwei Farben zügig aneinander setzen und mit einer Sticknadel oder einem Zahnstocher spiralförmig oder durch Hin- und Herbewegen ineinander verziehen. Durch solche Schattierungen wirken die Figuren viel plastischer und lebendiger.

Tolle Farbmuster

Motive, z. B. Kreise oder Sterne, auf die Folie setzen. Nach einer kurzen Trockenzeit die übrige Fläche mit einer anderen Farbe ausfüllen. Genauso auch die Wangen in den Gesichtern malen. Einfacher: Zunächst die Fläche grun-dieren, dann die Punkte aufsetzen.
Für den „Sternchenstoff" können Sie auch Alusternchen auf die noch feuchte Farbfläche auflegen. Sie bleiben haften. Der „Blütenstoff" erfordert zügiges Arbeiten. Einen dicken, kreisförmigen Farbpunkt auf die Folie setzen und sofort mit einer anderen Farbe umgeben. Eine Sticknadel in Abständen vom Kreis weg nach außen ziehen, die Nadel zwischendurch säubern. Dann die Nadel zwischen den entstandenen Blütenspitzen von außen nach innen ziehen.

Windlichter basteln

Alle gepunkteten Linien vor dem Bemalen auf der Windradfolie mit einer Sticknadel oder einem Falzbein vorprägen. Nach dem Trocknen die ausgeschnittene Folie mit dem unbemalten Randstreifen zum Windlicht zusammenkleben.

Pinguin-Weihnacht

Kontur

- Schwarz

Farben

- Frost
- Diamantblau
- Nachtblau

- Schwarz
- Schneeweiß
- Rubinrot
- Sonnengelb
- Orange
- Magenta
- Maigrün

- Royalblau
- Türkis

Vorlagen

A1 - A2

Anleitung Windlicht Seite 7

Weihnachtsgrüße

Kontur

- Schwarz

Farben

- Weiß
- Frost
- Himmelblau
- Strohgelb
- Pfirsich
- Erdbeer
- Grasgrün
- Hautfarbe
- Schneeweiß
- Samtblau
- Brombeer

Sonstiges

- Doppelkarte im Hochformat, DIN A6, in Rot, Grün
- Japanpapier, Farbverlauf Blau-Weiß, Blau-Gelb
- Fotokarton-Deckblätter, DIN A6, in Weiß
- Klebeband

Vorlagen

B1 - B4

Alle Motive auf Windradfolie malen. Nach dem Trocknen ausschneiden und einen transparenten Faden durch den oberen Rand des Motivs ziehen.

Rote Karte

Den Anhänger mit einem transparenten Faden in den Kartenausschnitt hängen. Den Ausschnitt mit einem weißen, mit Japanpapier verkleideten Fotokarton hinterkleben.

Grüne Karte

Das rechteckige Folienstück mit dem Motiv in die Karte einkleben. Die Mützenspitze an den Umrissen entlang einschneiden und nach vorne klappen. Ein weißes, mit Japanpapier verkleidetes Deckblatt hinter der Folie kleben.

Mobiles

Kontur

- Schwarz

Farben

- Schneeweiß
- Strohgelb
- Pfirsich
- Frost
- Hautfarbe
- Erdbeer
- Apfelgrün
- Ocean
- Nougat
- Bernstein
- Rosé

Sonstiges

- Marabu-Federn in Weiß

Vorlagen

C1 – C2

In die noch feuchte Farbe der Wolke Federn einlegen. Weitere Federn mit einem transparenten Faden anbinden.

Weihnachtskugeln

Kontur

- Schwarz

Farben

- Schneeweiß
- Rosé
- Diamantblau
- Goldgelb
- Orange
- Rubinrot
- Grün
- Magenta
- Türkis
- Bernstein
- Royalblau
- Maigrün
- Rehbraun
- Nachtblau
- Strohgelb

Sonstiges

- Spezialfolie
- teilbare Plastikkugeln, 14 cm Ø
- Alusternchen in Gold
- Nylonfaden, 0,25 mm Ø
- Geschenkbänder
- Schablonierpinsel, Größe 6, 12

Vorlagen

D1 - D3

1 Alle Motivteile auf Spezialfolie (oder Klarsichthüllen) malen, nach dem Trocknen abziehen und auf die Plastikkugeln drücken. Beim „Sternenzauber" reichlich goldgelbe Farbe direkt auf die Kugel auftragen und in die feuchte Malfläche Alusternchen legen.

2 Den Hintergrund mit einem Schablonierpinsel gestalten: Dazu die entsprechenden Farben (Schneeweiß, Royalblau, Nachtblau, Strohgelb) auf einen Teller geben, mit dem Pinsel aufnehmen und in senkrechten Stupfbewegungen auf die Kugeln auftragen. Falls der Hintergrund farbintensiver werden soll, nach einer kurzen Trockenzeit wiederholen.

Tipp

Wem die Hintergrundgestaltung rund um die Figuren zu mühsam ist, kann die Kugelfläche auch von innen her bemalen.

Lichterhäuser

Mindestens fünf Stadthäuschen aneinander auf Windradfolie malen, nach dem Trocknen an den Umrissen entlang ausschneiden und mit dem schmalen, unbemalten Randstreifen zum runden Windlicht zusammenkleben.

Das Dorf ebenso arbeiten und mit den beiden äußeren Bäumen etwas überlappend zum runden Windlicht zusammenkleben.

Kontur

- Schwarz

Farben

- Weiß
- Erdbeer
- Hautfarbe
- Strohgelb
- Pfirsich
- Grasgrün
- Bernstein
- Nougat
- Samtblau
- Meergrün
- Brombeer
- Türkis
- Frost
- Himmelblau

Vorlagen

E1 - E2

Wichtel-Weihnacht

Kontur

- Schwarz

Farben

- Grasgrün
- Meergrün
- Weiß
- Erdbeer
- Brombeer
- Strohgelb
- Hautfarbe
- Rosé
- Bernstein
- Nougat
- Ocean
- Türkis
- Frost
- Schwarz

Sonstiges

- Alusternchen in Gold

Vorlagen

F1 – F3

Alusterne in die noch feuchte Farbe legen.

Anleitung Blütenkleid Seite 7.

Weihnachtlich verpackt

Kontur

- Schwarz

Farben

- Maigrün
- Grün
- Türkis
- Goldgelb
- Rubinrot
- Magenta
- Schneeweiß
- Hautfarbe

Sonstiges

- Alusternchen in Gold

Vorlagen

G1 - G2

1 Alle gepunkteten Knicklinien des Schachtelnetzes vor dem Bemalen mit einem Falzbein oder einer Stricknadel vorprägen. Auch die Umrisslinien und Einschnittstellen können vorgeprägt werden.

2 Nach Wunsch Alusternchen in die noch feuchte Malfläche einstreuen oder mit punktförmig aufgesetzter Farbe auf der unbemalten Folie fixieren.

3 Die quadratische Schachtel nach dem Trocknen der Farben an den schmalen, unbemalten Randstreifen zusammenkleben. Die zwei jeweils zur Hälfte eingeschnittenen Halbkreise ineinander schieben und die Schachtel so verschließen.

Lichterkette

Kontur
- Schwarz

Farben
- Strohgelb
- Pfirsich
- Samtblau
- Himmelblau
- Apfelgrün
- Türkis
- Weiß
- Bernstein
- Hautfarbe
- Ocean
- Erdbeer
- Brombeer
- Meergrün

Sonstiges
- Lichterkette

Vorlagen
H1 - H4

Anleitung Seite 24

Geschenkanhänger

Kontur

- Schwarz

Farben

- Strohgelb
- Bernstein
- Nougat
- Rosé
- Weiß
- Frost
- Himmelblau
- Grasgrün
- Erdbeer
- Pfirsich
- Schneeweiß
- Hautfarbe
- Schwarz

Sonstiges

- Geschenkbänder
- Alusternchen in Gold
- Doppelkarte im Hochformat DIN A6, in Rot
- Japanpapier in Weiß
- Fotokarton-Deckblatt, DIN A6, in Weiß
- Klebeband

Vorlagen

J1 - J4

1 Alle Motive auf Folie malen und ausschneiden. Als Anhänger verwenden oder in Karten einkleben.

2 Das Folienbild in der Karte mit einem weißen, mit Japanpapier verkleideten Deckblatt hinterkleben.

3 Die „Schreibfläche" vom Nikolaus-Anhänger zunächst grundieren und trocknen lassen, dann die Schrift punktförmig aufsetzen.

Lichterkette

Abbildung und Materialangaben Seite 22/23

1 Die Figuren auf Windradfolie malen und ausschneiden. Für den Eisbär einen zusätzlichen Arm und ein zusätzliches Bein, für den Engel einen separaten Arm malen. Jeweils auf der unbemalten Seite des Körpers am Ansatz fixieren.

2 Bei Tüten und Glocken vor dem Malen alle gepunkteten Linien mit einem Falzbein oder einer Stricknadel vorprägen. Nach dem Trocknen und Ausschneiden falten und mit dem schmalen, unbemalten Randstreifen zusammenkleben. Die oberen Laschen nach innen knicken.

3 Die Glocken von oben her über die Lämpchen einer Lichterkette schieben. Die Tüten zwischen den Armen einkleben. Beim Schneemann die Tüte auf dem Körper fixieren, einen Arm rund biegen und auf der Tüte festkleben.

MONIKA
FÜR
SARAH

Filigrane Sterne

Kontur

- Schwarz
- Gold

Farben

- Strohgelb
- Pfirsich
- Erdbeer
- Brombeer
- Apfelgrün
- Grasgrün
- Blattgrün
- Samtblau
- Türkis

Vorlagen

K1 – K4

Anleitung Tüten Seite 24

Herz, Tannenbaum oder Stern können eingeschnitten und als Serviettenhalter verwendet werden.

Vögel im Winter

Kontur
- Schwarz

Farben
- Türkis
- Ocean
- Strohgelb
- Weiß
- Schwarz
- Nougat
- Bernstein
- Pfirsich
- Samtblau

Sonstiges
- Alusterne

Vorlagen
F1, L1 - L3

Vogelhäuschen

Vor dem Bemalen die gepunkteten Knicklinien auf der Windradfolie vorprägen. Die schmalen Klebestreifen bleiben unbemalt. Damit die Schachtel nach dem Trocknen und Falten der Kanten zusammenkleben.

Rabe

Einen transparenten Faden am Schnabel anknoten. In unregelmäßigen Abständen den Faden zwischen zwei deckungsgleichen Alusternchen einkleben.

Nikolaus

Kontur

- Schwarz

Farben

- Frost
- Himmelblau
- Strohgelb
- Pfirsich
- Himbeere
- Hautfarbe
- Weiß
- Grasgrün
- Samtblau
- Rosé
- Türkis
- Schwarz
- Meergrün
- Saphir
- Ocean
- Apfelgrün
- Himmelblau
- Erdbeer

Vorlagen

M1 – M2

Anleitung Windlicht Seite 16

Impressum

Printed in Germany
ISBN 3-419-56175-X

Textredaktion:
Ursula Brunn-Steiner, Wiesbaden

Styling und Fotos:
Roland Krieg, Waldkirch

Covergestaltung und Layoutentwurf:
Network!, München

Gesamtproduktion:
smp, Freiburg
Layout: Gisa Bonfig

Druck:
Freiburger Graphische Betriebe

Wir sind für Sie da, wenn Sie Fragen zu AutorInnen, Anleitungen oder Materialien haben. Und wir interessieren uns für Ihre eigenen Ideen und Anregungen. Faxen, schreiben Sie oder rufen Sie uns an. Wir hören gerne von Ihnen!
Ihr Christophorus-Verlag

Christophorus-Verlag GmbH
Hermann-Herder-Str. 4
79104 Freiburg
Tel.: 0761/ 27 17-0
Fax: 0761/ 27 17-3 52
oder e-mail:
info@christophorus-verlag.de

Aus der Brunnen-Reihe

3-419-56181-4

3-419-56169-5

3-419-56168-7

3-419-56179-2

3-419-56177-6